答えのない道徳の問題

どう解く？

ぶん：やまざき ひろし　え：きむら よう・にさわだいら はるひと ＋ 小学生のみんな

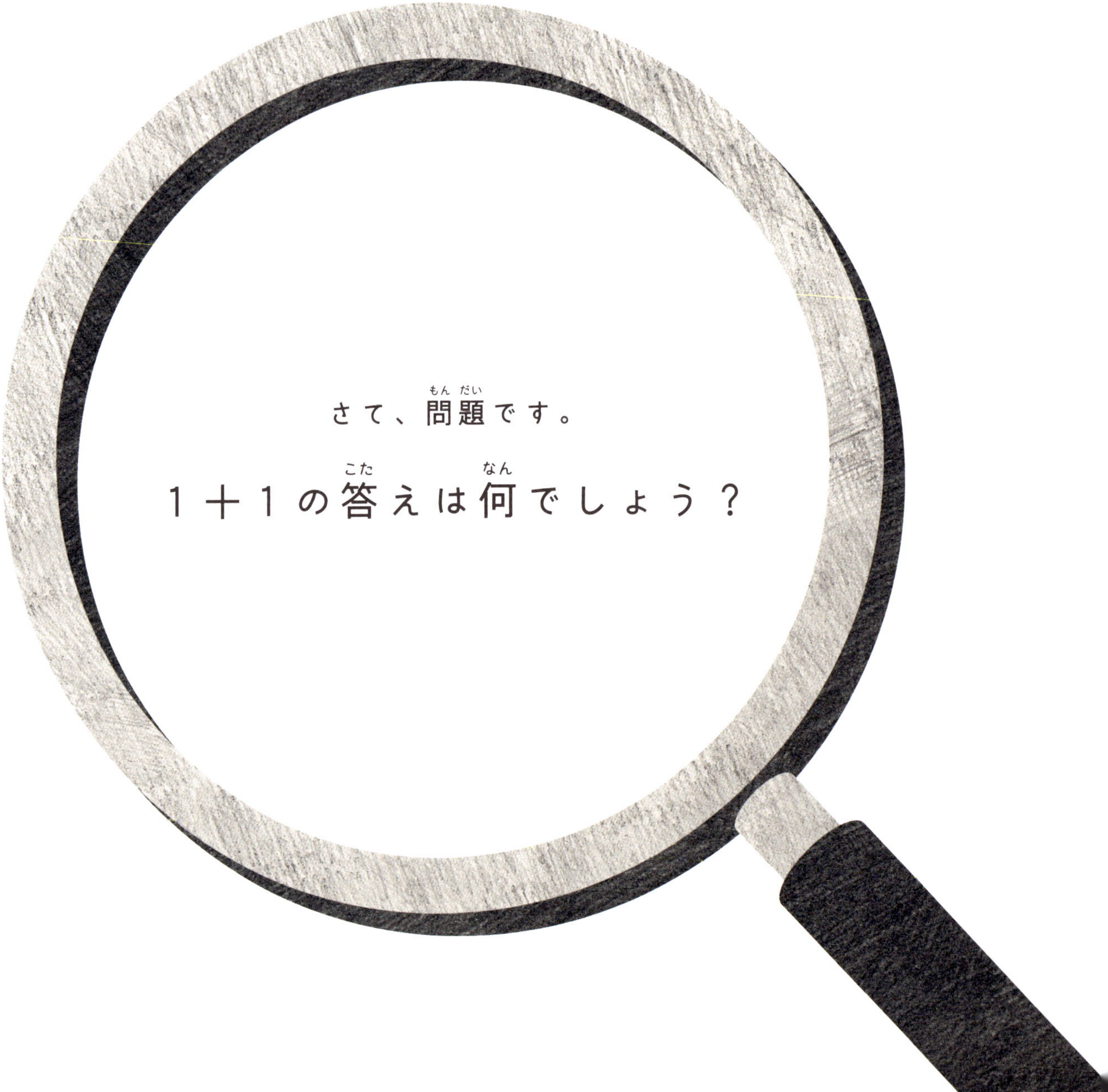

さて、問題です。

1＋1の答えは何でしょう？

2だよね。

でも、世の中にはこんな風に、
答えがみつかるものばかりではないんだ。

どうやって解いたらいいか分からない
問題のほうが、実はたくさん。
この本では、そんな「どう解く？」と
思える問題を集めてみました。

ぜひ、なやんで、なやんで、
答えをみつけてみてね。

まずは、いっぱい考えて、いっぱいなやんで
自分なりの答えをみつけてみよう。

そのあとに、お父さん、お母さん、友だち、先生たちと
いっぱい話しあってみよう。

もくじ

この本のよみかた・・・04
たべもの、どう解く？・・・08
うそ、どう解く？・・・12
びょうどう、どう解く？・・・16
ゆめ、どう解く？・・・20
せいぎ、どう解く？・・・24
いのち、どう解く？・・・28
かぞく、どう解く？・・・32
せんそう、どう解く？・・・36
べんきょう、どう解く？・・・40
らしさ、どう解く？・・・44
いじめ、どう解く？・・・48
すき、どう解く？・・・52
ともだち、どう解く？・・・56

考えるためのヒント・・・60
あとがき・・・88
どう解くワークシート・・・巻末

たべもの、どう解(と)く？

ボクは、ブタのお肉(にく)も、

ウシのお肉(にく)も、トリのお肉(にく)も食(た)べる。

だけど、ゾウのお肉(にく)は食(た)べないなあ。

食べていい動物と、
食べちゃいけない動物の
違いってなんだろう？

うそ、どう解(と)く？

友（とも）だちから、好（す）きじゃない

プレゼントをもらった。

「うれしい！」と嘘（うそ）ついたら、

友（とも）だちはよろこんでいた。

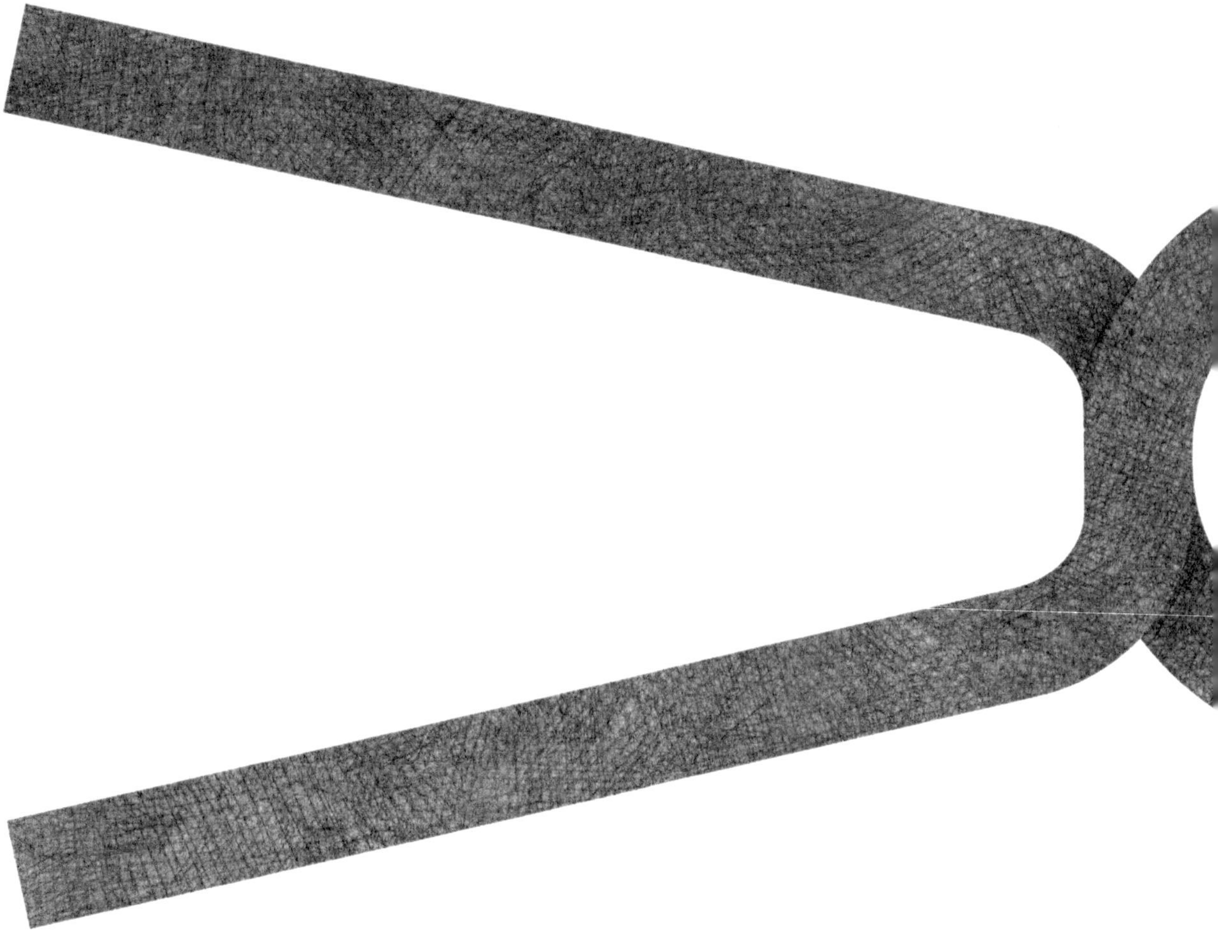

ついていい嘘（うそ）と、

ついちゃいけない嘘（うそ）って

どう違（ちが）うんだろう？

びょうどう、どう解(と)く？

賛成（さんせい）3　反対（はんたい）37

多数決（たすうけつ）をしたら、

ボクの意見（いけん）は通（とお）らなかった。

人数が多いほうが、正しいって

どうして言えるんだろう？

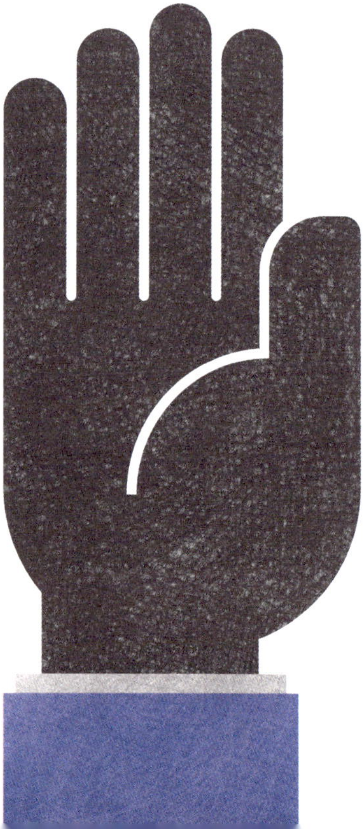

ゆめ、どう解(と)く？

大人の人から、

「キミは、将来何になりたいの？」って

聞かれる。

「将来何になりたいの？」って

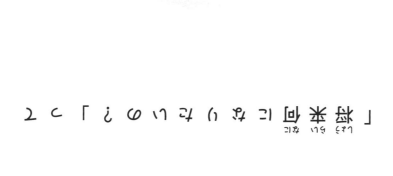

どうして大人（おとな）には聞（き）かないのだろう？

せいぎ、どう解(と)く？

今日（きょう）もお母（かあ）さんに怒（おこ）られた。

人（ひと）を殴（なぐ）っちゃダメ、って。

どうして正義（せいぎ）のヒーローは、

悪者（わるもの）を殴（なぐ）っていいんだろう？

いのち、どう解（と）く？

標本(ひょうほん)って、

昆虫(こんちゅう)で作(つく)られている

ものが多(おお)いなあ。

蝶々を殺して、

ネコを殺しちゃいけないのは、

どうしてだろう？

かぞく、どう解(と)く？

ボクたちが一日(いちにち)の中(なか)で、

家(いえ)で家族(かぞく)と
すごす時間(じかん)　3時間(じかん)

学校(がっこう)で友(とも)だちと
すごす時間(じかん)　8時間(じかん)

なんだって。

※家族と過ごす時間　総務省統計局資料より　学校で過ごす時間　8時半始業～16時半下校で算出。

大好(だいす)きな家族(かぞく)が、

いちばん一緒(いっしょ)にいられないのは

どうしてだろう？

せんそう、どう解(と)く？

ケンカすると、

いつも先生(せんせい)に怒(おこ)られる。

国(くに)と国(くに)のケンカは、

どうして

怒(おこ)られないんだろう？

べんきょう、どう解く？

「人(ひと)が嫌(いや)がることはしちゃダメ！」って
お母(かあ)さんは言(い)う。

どうしてお母さんは、

ボクの嫌いな勉強を

おしつけてくるんだろう？

らしさ、どう解(と)く？

ズボン、T(ティー)シャツ、ジャンパー。

考(かんが)えてみれば、洋服(ようふく)っていろいろな

種類(しゅるい)があるなあ。

女(おんな)の子(こ)はズボンもはくのに、

どうして男(おとこ)の子(こ)はスカートを

はかないんだろう？

いじめ、どう解(と)く？

「死(し)ね」

「ムカつく」

「お前(まえ)ウザい」

「バカ」

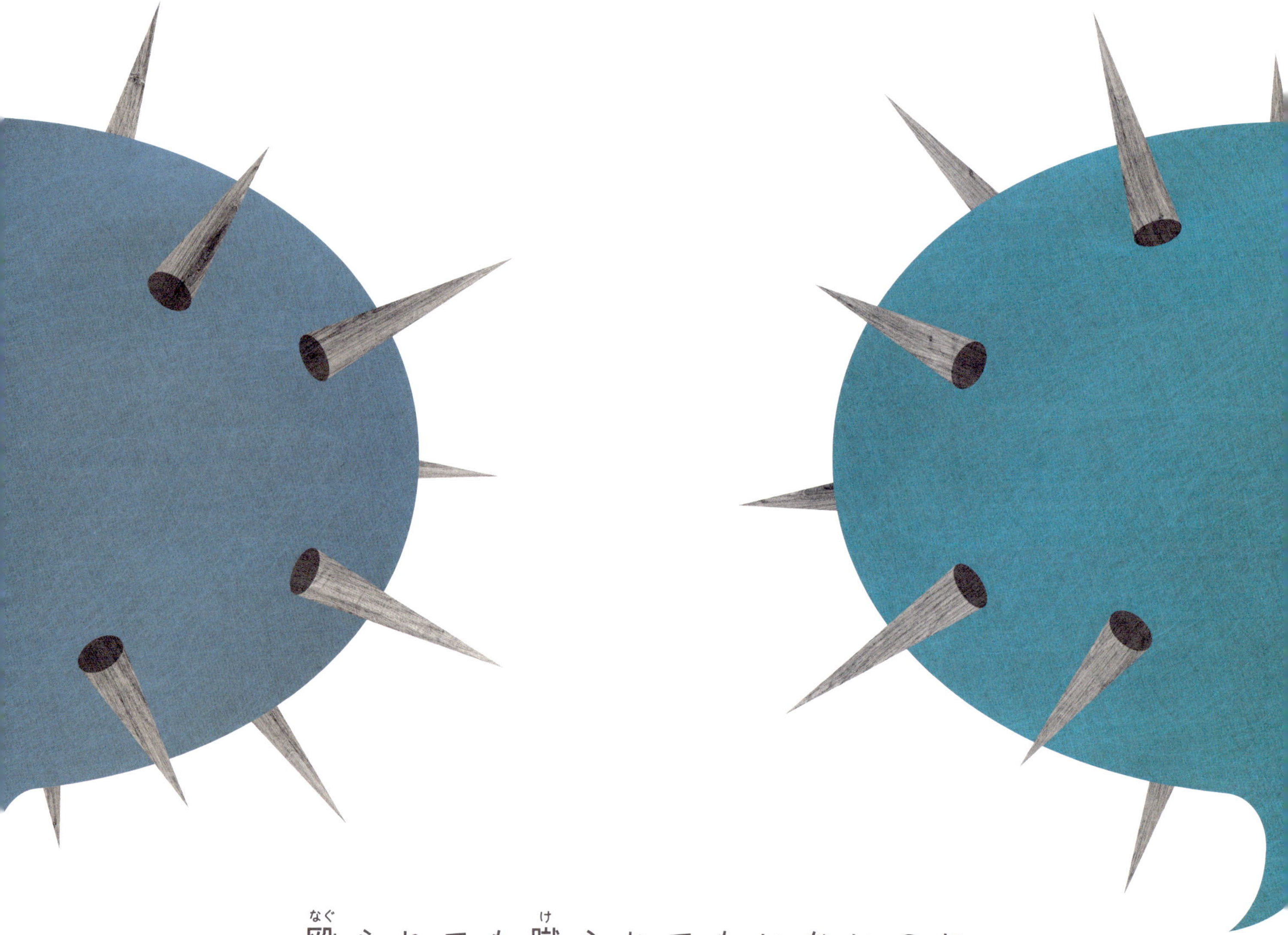

殴(なぐ)られても蹴(け)られてもいないのに、

痛(いた)いって感(かん)じるのはどうしてだろう？

す き 、 ど う 解(と) く ?

男の人と女の人は

好きになると結婚する。

どうして好(す)きな女(おんな)の人(ひと)どうしは、
結婚(けっこん)しないんだろう？

ともだち、どう解（と）く？

学校の友だちに話せないことも、

ネット上の友だちには話せる。

ネット上の友だちと学校の友だち、

どっちが本当の友だちって言えるんだろう？

考えるためのヒント

もしかしたら、

こんな考え方があったりするかも。

子どもや大人、いろいろな人から

いろいろな意見があつまりました。

考えるためのヒントにしてみて。

絶滅危惧種とか、
野生の動物とかは
食べちゃダメ。

食べるために飼育してたら
食べていいのかなぁ。

食べていい動物と、
食べちゃいけない動物の
違いってなんだろう？

違いなんて、きっとない！
勝手に人間が決めているだけ。

ある国では犬を食べますが、ある人にとっては、犬は大切な友人です。ある国では鯨を捕って資源として利用し、むだなく食べますが、ある人は捕鯨は愚かな行為だと主張します。私の友人に、肉は何でも食べるけれど、馬に愛着があるから馬肉だけは食べないと決めている人もいる。

つまり、国や文化、宗教、考え方、嗜好などによって〈食べていい/食べちゃいけない〉、同じ動物が正反対の存在に変わるということ。人間の都合によって食べていい動物になったり、食べちゃいけない動物になったりしている。そう気づくと、ちがいがある理由は、動物の側にあるのではなく、人間のほうだとわかってきます。人それぞれのちがいが、動物に投影されているのですね。

平松 洋子（エッセイスト）

知能をもってる動物はダメ。
ココロがある感じがするから、
むごいって思っちゃう。

かわいい動物は、
食べたらかわいそう。

嘘をついたあと
悲しい気分になる嘘は
ついちゃいけないのかも。

閻魔さまがOKだったら
いい嘘かも。

必ずしも真実を伝える必要はない。
知らなくてよかった、ということもある。

「うそをつくきもちはほんとうなんだ」というのは、ぼくが書いた詩の一行。嘘と本当を黒と白みたいに、正反対なものとしてとらえるのは単純すぎる。嘘をつかれたとき、相手がどうして嘘をついたのかを考えると、嘘にかくされた本当が見えてくることがある。自分が嘘をついたときは、その場では考えるゆとりがなくても、相手がどう感じたかを後になって想像するのも大事だ。嘘をつかずに生きていくことは誰にもできないのだから、嘘を自覚しながら嘘といっしょに生きていこう。

谷川 俊太郎（詩人）

どんな嘘もついちゃいけないと思う。

ついていい嘘と、
ついちゃいけない嘘って
どう違うんだろう？

難しくて、わからない。

100％相手がよろこぶ嘘ならありかも。

国会でも、みんなの
意見が多いほうが、
尊重されるんだって。

じゃあほかに
正しいって決める
方法があるか
考えてみよう。

多数決で
決めるのが、
カンタンだから。

人数が多いほうが、正しいって

どうして言えるんだろう？

世界には、ひとりの意見で
動く国もあるみたいだよ。

そもそも多数決は、
正しい意見を決める
ものじゃない。

意見が多いほうに
決めたほうが、
うまくいきやすいから。

今ではだれも信じませんが、むかしの人は、地球の周りを太陽がまわっていると考えていました。みんなの考えはまちがっていたわけですね。「赤信号、みんなで渡れば怖くない」というジョークがはやったことがあります。みんなで渡っていたときに車が突っこんでくればどうなるでしょう。笑いごとではすまされません。クラスのみんなが賛成したことでも、まちがっていると思ったら、堂々と反対意見を述べましょう。コペルニクスは、こうして地球が太陽の周りをまわっていることを証明したのですから。

那須 正幹（児童文学作家）

どんどん聞いていい。
だって夢をかなえるのに、
早いも遅いもないはずだから。

「どんな職業になりたいの？」ではなく、
「どんな人になりたいの？」だったら、
大人でも答えてくれるかも。

大人には、未来がもうないから。

「将来何になりたいの？」って
どうして大人には聞かないのだろう？

大人は、子どもたちがなりたがっているものに興味があり、その未来への夢や希望を聞くことで楽しい気持ちになるので、子どもたちに「将来何になりたいの？」と聞きたがるのだと思います。
僕は、14歳で卓球選手として生きてゆくことを決めてドイツに留学をしました。それは、将来を決める大きな決断となりました。僕も小さいころは「将来何になりたいの」とよく聞かれていましたが、そのころからはあまり聞かれなくなりました。それはきっと将来に向けて明確に行動を始めたからだと思います。大人になる過程で将来の夢や希望は何度でもかえることができ、大人はもうなりたいものに向かい行動を起こしているので「将来何になりたいの？」とは聞かれなくなるのだと思います。
誰かが言いました。ある人が「世界で一番大きなものは・・・？」と尋ねられたときにその人は、「それは子どもたちの可能性です」と言ったそうです。僕もそう思います。

水谷 隼（卓球選手）

キミの知らないところで
聞いてるかも。

夢をかなえた人が大人だから
大人には聞かないのかも。

本当は殴りたくないけれど、
ヒーローは正義のために
泣きながら殴っていると思う。

みんなを守るためだから。
自分のためじゃなければ、
殴ってもいいじゃないか。

意外とヒーローっておこりんぼうなのかもしれない。

正義のヒーローが悪者をやっつける。たしかにかっこいいし、あこがれちゃうかも。
マネしたくなるのもわかる、わかる。でも、悪者をなぐったら、悪者はよい人になるのかな。
くやしくて、もっと悪いことをするかもしれないよ。じゃあ、正義のヒーローが、
悪者をなぐらなかったらどうなるか。何だか物足りないし、もしかしたら悪者に
なぐられちゃうかもしれないね。でも、悪者はどうして悪者なんだろう。正義のヒーローは、
悪いことはしないのかな。正しいことと悪いことって、はっきり決められることなのかな。
なぐった手と、なぐられた相手が痛いことだけはたしかだけどね。

増田 ユリヤ（ジャーナリスト）

殴ったりするのは、
マンガの世界だから。ほんとうの
世界では殴ったりしない。

本当は殴ってるフリをしてるだけかも。

どうして正義のヒーローは、
悪者を殴っていいんだろう？

血が出る動物は
殺しちゃいけないのかも。

蝶々は、蚊と同じだからいい。
ネコは鳴き声がかわいいし、
殺しちゃダメ。

どんな生きものも
殺しちゃいけない。

蝶々を殺して、
ネコを殺しちゃいけないのは、
どうしてだろう？

エッ！　チョウチョウは殺していいの？　みんなはそう思うかもしれませんね。
でもぼくが小学生のころは夏休みの宿題で昆虫採集をしてチョウチョウやトンボを殺して昆虫標本を作るのは普通のことでしたよ。今でもカやハエならば普通に殺すよね。殺す道具も多くの種類が売っているよね。でもネコは殺してはダメ？　家の中のネコは殺してはダメで、外にいるネコは狩猟の対象にしている国もあるんだよ。
ぼくはかわいくて殺すのがかわいそうなものは殺してはダメで、殺す必要があって殺しても仕方ないものは殺してもいいと決めているのだと思う。心が痛むか痛まないか、そんなことかもしれない。その基準はその国の文化や環境、くらし方によってちがうと思う。
生きるためには食べなければいけなくて、食べるためには命をうばわなくてはいけない、それが自然の中で生きる生きものたち。でもぼくたち人間にはそれ以外に宗教や倫理や福祉や愛護やたくさんの基準がある。社会にはみんなが守らなければいけないルールが必要。
日本のルールではチョウチョウは殺してもよくて、ネコは殺してはダメなんだ。

坂東 元（旭山動物園園長・獣医師）

ネコは、人間と仲がいいからかも。
じゃあ仲が悪かったら殺してもいいのかな？

でもお父さんとお母さんは、
こっそり子どものこと見てるかもしれない。

多くの父親の場合。
子どもと一生で
約3年4ヶ月分しか
一緒にいられないらしいよ。

子どもも、大人も、
みんな忙しいから。

家族がいつもいっしょ、というのは、幼いころはいいけど、大きくなると、どうだろう。
ぼくは、父親が単身赴任で、月に一回一週間ぐらい帰ってくるという子ども時代を過ごした。
今考えるとそれもよかったように思う。だって、中学生になったら、よく父親と口論になったから。
もし、毎日顔を合わせていたら、もっとやってたかもしれないしね。でも、ぼくは、そんな父が大すきだった。
月一で帰ってきたとき、いっぱい遊んでくれたんだ。ほんとにいっぱい。ぼくが親になったとき、
ひたすら自分の子と遊ぼうと思ったのは、そんな父の思い出がとてもなつかしく、そしてうれしかったから。
家族というのは、ちょっと離れている時間がある方が、あれこれ思いが強くなって、
愛の色が濃くなるんじゃないかな。だから、いつもいっしょでなくても悲しくなんかない、と思おうよ。

汐見 稔幸（教育学者）

大好きな家族が、
いちばん一緒にいられないのは
どうしてだろう？

一緒にいられるように
変えていけばいい。

そもそも家族が一緒にいることが、
いちばんじゃない。自分が一緒に
いたい人といられればいい。

お父さんには会社があって、
私には学校がある。どっちも大事。

君たちが学校で友だちとなぐりあいのケンカをしたら、先生に叱られますね。それは、先生がそれだけ強い力を持ち、何が悪いことかを判断できるからです。ところが世界の国ぐにによるケンカは、どちらが悪いか、すぐにはわからないことがあります。これでは周りの国も、うっかり口を出すことができません。それどころか、一方の味方をして戦争を広げてしまう国や指導者がいたので、戦争は大きくなりました。そこで、第二次世界大戦後、世界の国ぐにが集まって、国際連合（国連）という組織をつくり、国同士の勝手なケンカを止めさせることになりました。
クラスの中でケンカが始まったら、先生に叱られる前に、みんなでケンカを止めさせることができますね。世界の国ぐにも、そうできるようにしていこうということなのです。

池上 彰（ジャーナリスト）

本当は怒っているけど、
止められるものじゃない。
生きていくために戦うときもある。

まず誰が怒るべきかが、
分からないのかも。

怒られてもこりないのが、
国と国のケンカなのかも。

国と国のケンカは、
どうして怒られないんだろう？

本当は怒ってる人も
たくさんいるのに、
ケンカしている人たちに
声がとどかないのかも。

ことばが違うから、
話しあいができないの
かもしれない。

怒りたい人もいる。でも、怒ったら今度は
自分がケンカに巻き込まれるかもしれない。

どうしてお母さんは、
ボクの嫌いな勉強を
おしつけてくるんだろう？

質問がへん。
なんで勉強が嫌いって
決めつけるのかな。
好きな子もいるのに。

大人は勉強が
好きなのかな。

お母さんだって、本当は
「勉強しなさい」なんて言いたくないのかも。

子どもがテストで悪い点をとるのが、
はずかしいんじゃない？

お母さんがすすめるには理由があるはず。
今度、理由を聞いてみよう。

この世界にはたくさんのものがあります。目に見えるもの、見えないもの、手にふれられるもの、ふれられないもの、その一つひとつを知ってゆくのが勉強で、外で遊ぶのも勉強です。お母さんは世界のたくさんのことを知ってほしいのです。それが大きくなって大人になった時に生きていく上でとても役に立つ事を知っているのです。

たくさん勉強して、たくさん遊んでできるだけたくさんの事を知ってください。そして、大人になったときにいらないものは自分の判断ですべて捨てて、残ったものがあなたが勉強したものです。

羽生善治（棋士）

女の子はズボンもはくのに、
どうして男の子はスカートをはかないんだろう？

学校の制服が、ズボンとスカートだから
そう思いこんでいるだけじゃない。

300年前には、男の人も袴という
スカートに似たものをはいてたらしいよ。

男の子は、
足に毛が生えちゃうからかも。

女の子は自分の魅力に男の子より自覚的で、その魅力で自分好みの男の子をゲットしようって思うんじゃないかな？　スカートは女の子が魅力的になって、好きな男の子に「私を見てね」って伝えるための記号というか道具みたいなものだと思う。だから女の子はスカートをはくのよ。じゃあ男の子も好きな女の子に「ぼくを見てね」って伝えるために、スカートを身に着けてもいいじゃないって思う人もいると思うけど、私は反対なの。だってそんなことをしたら社会がおかしくなるから。なぜって、女の子がスカートをはくのは人間としての本能でもあると思うの。その本能に従って、スカートを身に着けているの。だから男の子がスカートを身に着けるのはかなりの覚悟と勇気が必要で、それをやらないとダメな人だけがすることなんじゃないかしら。

ミッツ・マングローブ（歌手・タレント）

かわいいスカートじゃなく、
かっこいいスカートがあれば、
男の子もはくはず。

はきたければ、
はけばいいんじゃない？
笑うことはないと思う。

ことばは、人間にとっていちばん便利で身近な道具だね。優しいことばで誰かをはげますこともできる。でも同時に、ことばという道具は、鋭いナイフで切りきざむよりざんこくに、人を傷つけることができてしまうんだ。世界では、ことばで人をむやみに傷つけることを法律で禁止している国もある。アメリカでは、人種や見た目、年齢、身体の障害、性別、生まれた国などで人を差別してはいけないと、憲法と差別禁止法という法律で決めている。日本や他の国でも、同じような法律が最近つくられているんだよ。ことばの暴力は、物理的な暴力と同じように、社会で責任を問われるって事だ。インターネットの世界でも、ことばはみんなの周りを飛び交っている。LINE（ライン）やTwitter（ツイッター）、Facebook（フェイスブック）、みんなは使ってる？ インターネット上でも、現実世界と同じように自分のことばには責任をもたなきゃいけない。そんなつもりはなかったとしても、人を傷つけてしまったら暴力だ。世界にはいろんな生き方、いろんな文化がある。相手と自分の安全のために、今のうちにしっかり知識を学ぼう。

大野 更紗（作家・社会学者）

本当に殴られるより、
ことばで言われるほうが、ずーっと
痛いのをひきずることがあるよね。

つまり、ことばの暴力は、
友だちや家族には
絶対しちゃダメだって
ことだね。

殴られても蹴られてもいないのに、
痛いって感じるのはどうしてだろう？

透明人間が、
目に見えない武器で
キミを殴っている
からかも。

本当は言ったほうも、
痛いと感じているのかも
しれないね。

人の心は、それだけきずつきやすいってことかも。

どうして好きな女の人どうしは、
結婚しないんだろう？

お父さんとお母さんに
反対されるからかな。

ウエディングドレスの
取りあいになるからかも。

はずかしいから
そうしない人も多いの
かもしれない。

女の人どうしでも
結婚できるって、聞いたよ。

好きなら結婚してもいいんじゃない？
もしくは、仲がいいなら一緒に
くらすのがいいんじゃない？

するかしないかは本人の自由だけど、結婚はできますよ。結婚って何でしょうね？
好きな人どうしがいっしょに暮らしたりして人生をともにすること、というイメージがあると思います。
それだけだったら女も男も関係ないですもんね。これは結婚だ、と本人が思えば、結婚ですよ。
しかし日本の辞書には「男女が夫婦となること」なんて書いてあるんですね。残念ながら日本の法律は
ずいぶん昔に決められたもので、当時は男と女でしか結婚できないと思っている人が多かったわけです。
でも英語の辞書で「結婚」を引くと、「法律などでパートナーとして認められた二人」って説明されてて、
今は男女は関係ないんですよ。日本の辞書や法律ももうすぐ変わると思います。

能町 みね子（エッセイスト・イラストレーター）

学校のクラスは、たまたま学校が一緒だっただけ。
気があうのが、本当の友だち。

ネット上の友だちと
学校の友だち、どっちが本当の
友だちって言えるんだろう？

ネットで気があうと信頼しちゃう。
でも、会ったことないのはどうだろう。

いっぱい会わないと、
友だちじゃない。

今の時代を生きる君たちには、ネット上の友だちも学校の友だちも変わらない感覚かもしれないね。ネットの友だちの方が本音を出せて親友って感じる人もいるかも。人間、特に子どもは、つながり合いたい欲求を持っている。学校に本当の友だちが見つからない子や、べつの人ともつながりたい子は、ネットの世界に友だちを求めるかもしれないね。

ネット上では、「ありのままの姿」はおたがいに見えない。だから、気楽に付きあえる反面、相手の嫌な部分や本音が圧倒的に見えにくいし、自分を都合よく「作り上げる」ことさえできる。ネット上の友だちは学校の友だちとは本質的にちがうんだ。君たちは人づき合いの初心者。まずはリアルな世界で、顔をつきあわせて、ありのままを出し合いながら、友情って何かを学んでいってほしいな。

尾木 直樹（教育評論家）

友だちは、友だち。
違いなんてない。

学校の友だちに話して、まわりの人に知られたらはずかしい。
ネットの知らない人のほうが、はずかしくない。

あ と が き

私たちが、この本をつくるきっかけになったのは、
メディアでたびたび目にする子どもたちのニュースでした。
いじめをはじめとする、暴力、殺人、自殺。
それらの報道に触れるたび、子を持つひとりの親として胸が痛みました。
なんとか解決する術はないか。
そんな議論から、このプロジェクトは始まったのです。

相手の立場になって考えること。
他者を思いやること。そして必ずしも答えはひとつではないこと。
そんな多様な視点で物事を判断するチカラが、
いまの子どもたちから減ってきているのではないかと考え、
この「答えのない道徳の問題　どう解く？」が生まれました。

そして、この本では子どもとの対話を大事にしています。
たとえば、いじめについて話すとき。
多くの人は「いじめられていない？」
「むしろいじめていない？」と聞くでしょう。
けれど、たいてい会話はそこで終わってしまいます。
大事なのは、なぜいじめがよくないのか、を深く考えることなのに。

「どう解く？」ではそんな答えを出すことが難しい問題に対して、
カンタンな絵と言葉の組み合わせで、会話を生み出しやすくしています。
思いもよらない発言が出てくることもあるでしょう。
こんなこと考えていたんだと気づかされることもあるでしょう。
子どもが能動的に考えて、自分なりの答えを導き出す。
その姿勢が、これからの時代を生き抜くチカラにつながると思うのです。
もちろん、答えがでないのも、ひとつの答え。問い自体に
疑問をもつのも、ひとつの答えだと思います。

この本が子どもにとって考えるための一助になればと思います。

山﨑 博司・木村 洋・二澤平 治仁

作者

ぶん/やまざき ひろし（山﨑 博司）
1983年生まれ。早稲田大学大学院修了後、広告会社入社。
コピーライター。現在、二児の父。

え/きむら よう（木村 洋）
1980年生まれ。京都精華大学卒業後、広告会社入社。
アートディレクター。現在、一児の父。

え/にさわだいら はるひと（二澤平 治仁）
1975年生まれ。明治大学卒業後に渡米。
Academy of Art University卒業後、広告会社入社。
クリエイティブディレクター/アートディレクター。現在、二児の父。

製作・協力

え・デザイン/まつだ たけし（松田 健志）

PR/こばやし ひでゆき（小林 秀行）

SPECIAL THANKS

もちづき けいすけ（望月 圭介）

『どう解く？』を一緒に考えてくれた小学生のみんな

うたのちゃん、えまちゃん、かずあきくん、こうせいくん、さくらこちゃん、せいすけくん、ぜんたくん、
そういちろうくん、だいきくん、たいせいくん、たかひろくん、なおとくん、なぎさちゃん、ななちゃん、
はるかちゃん、ひろとくん、めいちゃん、みさきちゃん、みさとちゃん、みづきちゃん、やすおくん、
ゆずはちゃん、ゆりかちゃん、りょうたろうくん

解答者一覧

Photo:中西裕人

池上 彰（いけがみ あきら）ジャーナリスト

慶応義塾大学卒業後、NHKに記者として入局。事件、事故、災害、消費者問題、教育問題等を取材。独立後は海外を飛び回り取材・執筆を続けている。『伝える力』（PHP研究所）『知らないと恥をかく世界の大問題』シリーズ（KADOKAWA）『なぜ、世界は“右傾化”するのか』（ポプラ社、共著）など著書多数。

大野 更紗（おおの さらさ）作家・社会学者

ミャンマー（ビルマ）難民支援や民主化運動に関心を抱き大学院に進学した2008年に、自己免疫疾患系の難病を発症。その経験を綴ったデビュー作『困っているひと』で第5回「（池田晶子記念）わたくし、つまりNobody賞」受賞。2013年より明治学院大学大学院社会学研究科社会学専攻。著書に『1984フクシマに生まれて』（講談社、共著）『シャバはつらいよ』（ポプラ社）などがある。

尾木 直樹（おぎ なおき）教育評論家

滋賀県生まれ。法政大学特任教授、臨床教育研究所「虹」所長。早稲田大学卒業後、教師として22年間子どもを主役とした創造的な教育を展開。その後大学教員に転身して22年、合計44年間教壇に立つ。2004年法政大学キャリアデザイン学部教授に就任。2012年法政大学教職課程センター長・教授を経て定年退官。テレビ等各種メディアで活躍。愛称は「尾木ママ」。

汐見 稔幸（しおみ としゆき）教育学者

専門は教育学、教育人間学、育児学。東京大学名誉教授。日本保育学会会長。『小学生 学力を伸ばす 生きる力を育てる』（主婦の友社）『本当は怖い小学一年生』『「天才」は学校で育たない』（以上ポプラ社）など著書多数。

谷川 俊太郎（たにかわ しゅんたろう）詩人

現代詩の第一人者として数々の作品を発表し続ける一方、創作絵本、翻訳、劇作、作詞、エッセイなど多岐にわたり活躍。『マザーグースのうた』で日本翻訳文化賞、『日々の地図』で読売文学賞、『シャガールと木の葉』『谷川俊太郎詩選集1〜3』で毎日芸術賞を受賞。

那須 正幹（なす まさもと）児童文学作家

子どもたちの熱狂的な支持を得た児童書の大ベストセラー「ズッコケ三人組」シリーズ全50巻で巌谷小波文芸賞、『さぎ師たちの空』で路傍の石文学賞、「ヒロシマ」三部作で日本児童文学者協会賞を受賞。そのほか『ねんどの神さま』『ジ エンドオブザワールド』（以上ポプラ社）など著書多数。

能町 みね子（のうまち みねこ）エッセイスト・イラストレーター

イラストエッセイ『オカマだけどOLやってます。』（竹書房）でデビュー。以来、多くの雑誌でコラムやイラストを連載。ラジオ・テレビなどでも活躍。『ときめかない日記』（幻冬舎）『逃北 つかれたときは北へ逃げます』（文藝春秋）など著書多数。

©日本将棋連盟

羽生 善治（はぶ よしはる）棋士

1985年にプロ四段。史上3人目の中学生棋士となる。1994年に初タイトルとなる竜王を獲得、1996年に前人未到の七冠を達成。2017年永世七冠を達成、2018年国民栄誉賞を授賞。『羽生善治の将棋辞典』（河出書房新社）『決断力』『大局観』（以上角川書店）など著書多数。

坂東 元（ばんどう げん）旭山動物園園長・獣医師

86年獣医師、飼育展示係として旭山動物園に入園。動物本来の生態や行動を引き出す「行動展示」を考案、旭山動物園を人気動物園に育てた。著書に『ヒトと生き物ひとつながりの命 旭山動物園からのメッセージ』（天理教道友社）『夢の動物園 旭山動物園の明日』（角川学芸出版）などがある。

平松 洋子（ひらまつ ようこ）エッセイスト

東京女子大学文理学部社会学科卒業。おもに食文化、文芸などの分野で執筆活動を行う。『買えない味』（筑摩書房）で第16回bunkamuraドゥマゴ文学賞受賞、『野蛮な読書』（集英社）第24回講談社エッセイ賞受賞。近著に『食べる私』（文藝春秋）、『洋子さんの本棚』（小川洋子との共著 集英社文庫）、『あじフライを有楽町で』（文春文庫）、『日本のすごい味 おいしさは進化する』『日本のすごい味 土地の記憶を食べる』（以上新潮社）など。

Photo:中西裕人

増田 ユリヤ（ますだ ゆりや）ジャーナリスト

27年にわたり高校で世界史・日本史・現代社会を教えながら、NHKラジオ・テレビのリポーターを務めた。日本と世界のさまざまな問題の現場を幅広く取材・執筆。『新しい「教育格差」』（講談社）『偏差値好きな教育“後進国”ニッポン』（ポプラ社、共著）など著書多数。

水谷 隼（みずたに じゅん）卓球選手

北京、ロンドン、リオの3大会連続オリンピックに出場、日本人初シングルスメダリスト。全日本選手権では前人未到の史上最多通算9勝を達成。著書に『負ける人は無駄な練習をする―卓球王者のメンタリティー』『卓球王 水谷隼の勝利の法則 試合で勝つための99の約束事』（以上卓球王国）などがある。

ミッツ・マングローブ（みっつ・まんぐろーぶ）歌手・タレント

日本で最も有名なドラァグ・クイーンの1人。ラジオ・テレビなどで「女装家」として活動をしながら、2011年には「若いってすばらしい」で歌手としてもデビュー。著書に『うらやましい人生』（新潮社）がある。

答えのない道徳の問題　どう解く？

2018年　3月　第1刷
2018年　3月　第2刷

文／やまざき ひろし
絵／きむら よう・にさわだいら はるひと

絵・デザイン／松田健志
PR／小林秀行

SPECIAL THANKS
望月 圭介

発行者／長谷川 均　編集／花立健　仲地ゆい
発行所／株式会社ポプラ社
〒160−8565　東京都新宿区大京町22−1
電話（編集）03-3357-2216　（営業）03-3357-2212
振替　00140-3-149271
www.poplar.co.jp（インターネットホームページ）
印刷・製本／図書印刷株式会社

ISBN978-4-591-15806-7　N.D.C.914　91P　19㎝　Printed in Japan

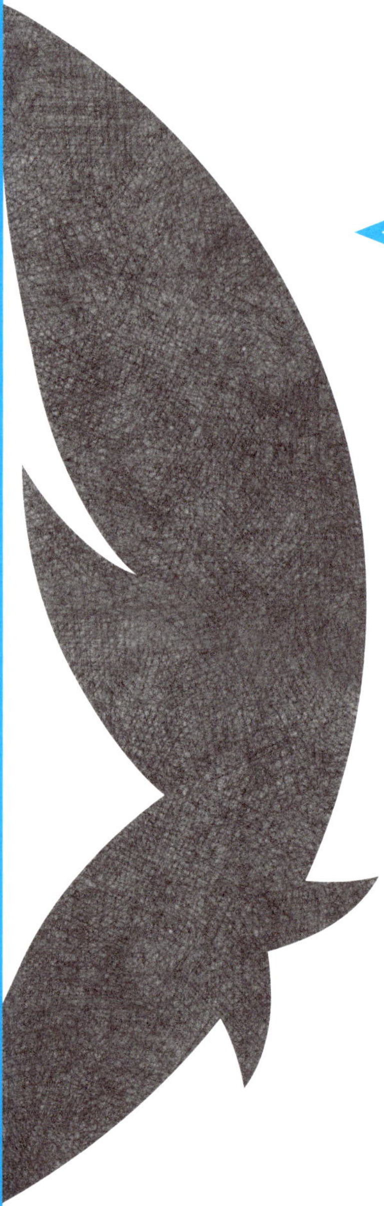

答えをここに書いてね。

※このどう解く?シートは、WEBサイトからもダウンロードできます。www.poplar.co.jp/pr/doutoku

答えのない道徳の問題

どう解く？

【使い方1】

本の中の問題に対して、きみの答えを書いてみよう。

【使い方2】

きみが疑問に思う質問をつくって、
お父さん、お母さん、友だち、先生に出してみよう。

たくさん使う場合は、コピーして使ってね。

問題や疑問をここに書いてね。

どう解く？